CW00766873

Printed in Poland
by Amazon Fulfillment
Poland Sp. z o.o., Wrocław

54926028R00066